W0291706

Anneliese Beeck

HAMM
Die 50er Jahre im Bild

Prolibris Verlag

Westfälischer Anzeiger
Hammer Zeitung

Wir danken allen Bildeinsendern für ihr reges Interesse und ihr Mitwirken an diesem Buch.
Fotos von folgenden Einsendern konnten wir in diesem Bildband berücksichtigen:

Althoff, Regina
Ant, Prof. Dr. Herbert
Becker, Ursula
Bettermann, Rudolf
Bochel, Hannelore
Borg, Rosi
Brockhoff, Heidi
Donner, Josef
Dotter, Hans-Karl (26 Fotos)
Federer, M.
Fromm, Waltraud
Frye, H.
Goldmann, Heidelinde
Graul, Eva-Maria
Grewe, Heinz-Jürgen
Günther, Maria und Rudolf
Hahne, Gisela
Hannemann, Annelie
Hausmann, Uschi
Hellwig, Gerda und Helmut
Hoffmann, Walter
Imöhl, Barbara
Jaspers, Christa
Koch, Klaus
Lang, Karl-Heinz
Langkamp, Rosemarie
Mause, Wilfried,
Meier, Edith
Meyer, Hans
Münch, Kerstin
Neumann, Resi
Nieder, Dr. Jürgen
Paul, Siegfried
Petersmann, Ilse
Piskorz, A.
Poth, Karl-Heinz
Reichel, Heinrich
Reisner, Joyce
Schäfer, Gaby und Helmut
Schneider, Gerhard
Schnieders-Pförtsch, Monika
Scholz, Käthe
Schröder, Irmgard
Schüerhoff, Walter
Schulte, Manfred
Siebert, Marion
Templin, Helga
Thomas, Heinrich
Voß, Erika
Weigt, Irene
Weischer, Heinz
Weyde, Erich
Wigges, Ellen und Paul
Willemsen, Ria
Wörmann, Robert
Wulf, Jürgen
Zablowski, Klaus-D.

1. Auflage 2000
Alle Rechte vorbehalten, auch die des auszugsweisen Nachdrucks
und der fotomechanischen Wiedergabe.
Umschlaggestaltung: Bettina Schadow, Rolf Wagner
Umschlagfotos: Gisela Hahne, Gerhard Schneider, Irmgard Schröder
Druck: Griebsch & Rochol GmbH
© Prolibris Verlag Rolf Wagner
Rasenallee 23 d, 34128 Kassel, Tel. 0561 / 6027071
www.prolibris-verlag.de
ISBN 3-935263-01-5

Vorwort

Eine kleine Artikelserie im Westfälischen Anzeiger mit dem Aufruf an die Leser, Fotos aus den 50er Jahren für einen Bildband einzusenden, genügte, um eine wahre Bilderflut auszulösen. Dieser Erfolg läßt sich nur durch die starke Faszination erklären, die von diesem Jahrzehnt ausgeht.

Ist es die durch den Filter der Zeit übriggebliebene positive Erinnerung an die Jahre der Nachkriegszeit und des Wirtschaftswunders, oder ist es die angenehme Konfrontation mit den eigenen Kindheitserinnerungen, die ein solch starkes Interesse begründet?

Wir brauchen dieser Frage nicht weiter nachzugehen und können uns einfach unseren Gefühlen bei der Betrachtung der vorliegenden Bilder überlassen. Denn glücklicherweise haben wir mit Anneliese Beeck, der langjährigen Redakteurin beim Westfälischen Anzeiger und Verfasserin mehrerer Bücher über Hamm, eine Autorin gefunden, die die Botschaft der Fotos und die der Bildeinsender verstanden hat und kein Geschichtsbuch daraus macht.

Durch den Zugriff auf private Bestände bekommt das Buch eine große Bürgernähe. Es entstand ein sehr intimes Bild von Hamm. Hier kommt also einmal kein Wissenschaftler distanziert daher und erklärt, analysiert und kommentiert, hier sind es die Leser des WA, die ***ihr*** Buch machen, indem sie aus ihren Alben die Fotos einbringen, die ihnen in der Rückschau wichtig sind. Und es erscheint nur logisch, daß auf diesen Bildern nicht leere Straßen und alte Häuser, sondern vor allem Menschen zu sehen sind.

Mögen einzelne Aufnahmen auf den ersten Blick noch so privat erscheinen, immer sind sie auch zeittypisch und repräsentativ. Und jeder, der die Zeit selbst erlebt hat, wird die Fotos als Auslöser für sein Gedankenkino empfinden.

Aus über 400 Bildeinsendungen haben Autorin und Verlag versucht, ein Bild der 50er Jahre in Hamm herauszukristallisieren. Die Autorin Anneliese Beeck betextete die meist eindrucksvollen, manchmal aus heutiger Sicht amüsant erscheinenden und zuweilen wehmütig stimmenden Bilder sehr behutsam. Sie ließ viel Platz für eigene "Weißt du noch"-Seufzer, wissend, daß es oft nur eines Wortes bedarf, um die Zeit wachzurufen, die in den Fotos festgehalten ist.

"Sie haben uns mit Ihrem Aufruf einen unvermutet schönen Nachmittag beschert..." schrieb eine Leserin in ihrem Begleitbrief zu den Schnappschüssen, die sie beisteuerte, und schilderte, wie sie mit ihrer Mutter beim Blättern in den alten Alben ins Schwärmen geriet.

Wir möchten die Leser mit diesem Bildband an der aufregenden Reise in die Vergangenheit teilhaben lassen.

Rolf Wagner
Prolibris Verlag

Mit Trümmern leben mußten die Hammer auch in den 50er Jahren noch. Die Ruine des Landratsamtes, vor der in den ersten Nachkriegsjahren Marktstände aufgebaut waren (Bild oben rechts), wurde erst 1958 abgerissen. Als Zeugen des Krieges sind die Bunker, wie hier am Westentor (Bild oben links), noch heute erhalten. Daß die Persiluhr den Krieg überstand, freute die Hammer Bürger besonders. Der Bahnhof kam bei den Bombenangriffen mit leichten Blessuren davon. In den Baracken auf dem Bahnhofsvorplatz (Bild unten) versorgten Mitarbeiter der Wohlfahrtsverbände Flüchtlinge und Heimkehrer. Viele Menschen lebten in Notunterkünften, zum Beispiel in den sogenannten Nissenhütten in Herringen. Dort hatte sich auch die siebenköpfige Familie des Bergmanns Bettermann eingerichtet, dessen Sohn Rudolf 1950 stolz sein neues Fahrrad präsentierte (Bild rechts).

KLEIDUNG
JACOBS KAFFEE

Zentraler Punkt der Stadt war und ist der Bahnhofsvorplatz, der sein Gesicht nach dem Bau des Kaufhauses Horten, das 1970 eröffnet wurde, entscheidend verändert hat.
Diese Aufnahmen des Fotografen Hans-Karl Dotter entstanden Ende der 50er Jahre, als man dort noch Imbissstände (linke Seite) und eine Grünanlage (oben) finden konnte, auf der 1962 als Mahnmal ein Stück „Berliner Mauer" errichtet wurde.
Zu sehen ist auch das Café Corso an der Bahnhofstraße (oben links), das für seine Varieté-Programme berühmt war und dem Horten-Bau zum Opfer fiel. Auf dem linken Bild ist im Hintergrund die Martin-Luther-Kirche zu erkennen, auf dem rechten das 1959 bezogene Oberlandesgericht, damals das höchste Gebäude der Stadt.

Kutscher Schulte (oben) war ein Hammer Original. Mit einem PS transportierte er alles, was gewünscht wurde. Zuspruch fanden in den 50er Jahren die Leierkastenspieler (rechts). Jungen in den für die damalige Zeit typischen Lederhosen fanden die Musik spannend.
Mehr Respektspersonen als Freunde und Helfer waren Polizeibeamte, die mit Tschakos gut „behelmt" waren (unten).

Gern stellte sich Gisela (oben) mit Puppe und vierbeinigem Freund dem Fotografen. Der Blondschopf ist ein Lichtblick im tristen Backsteingrau des Hofes.

Im Haus Weißenburger Straße 35 wohnten 1953 sieben Familien mit 20 Kindern unter zehn Jahren (rechts). Sie waren aus Oberfranken hierhergezogen, als die Männer Arbeit auf einer Zeche fanden.

Die Aufforderung „Bitte recht freundlich" haben sich diese sieben (unten) nicht alle zu Herzen genommen.

Pferde sind heute in der Landwirtschaft fast verschwunden. Damals waren sie auf dem Feld (oben) ebenso unverzichtbar wie die fleißigen zweibeinigen Helfer (unten), die inzwischen weitgehend durch Maschinen ersetzt worden sind.

Mit Pferdefuhrwerken wurde die Milch vor den Haustüren angeliefert (rechte Seite oben).

1951 wurde an der Hafenstraße eine neue Milchverteilungsstelle in Betrieb genommen, vor der sich in den frühen Morgenstunden Pferdefuhrwerke und Lieferwagen, darunter die vielbenutzten Dreiräder, aufreihten (rechte Seite unten).

Noch durfte die Milch aus verzinkten Kannen verkauft werden. Ab 1. Januar 1952 waren Tanks mit automatischer Abfüllvorrichtung Pflicht.

40-6401
40-6452

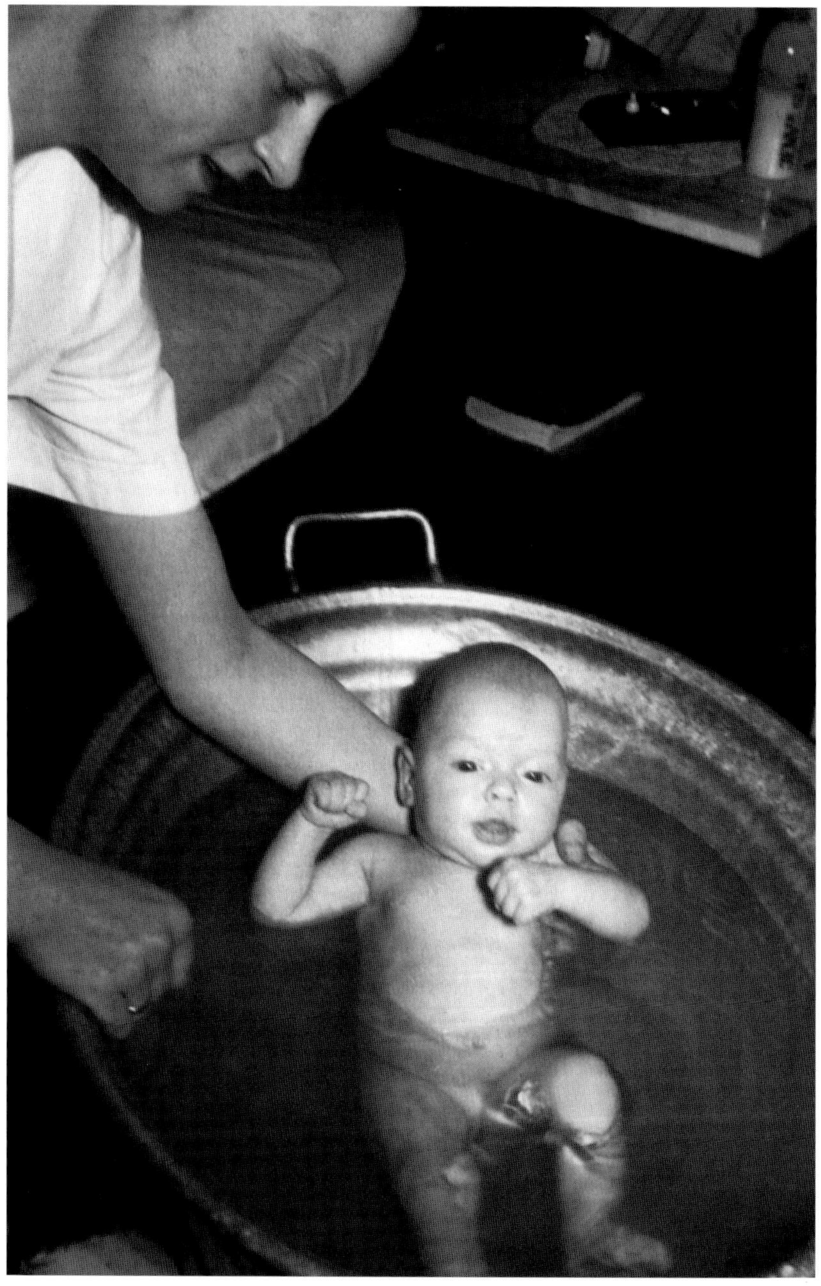

Badezimmer waren in den 50er Jahren noch eine Seltenheit.Wasser für das Babybad wurde auf dem Herd heiß gemacht und die Zinkwanne in die Küche gestellt. Sehr fortschrittlich: In dieser Familie gab es schon einen Elektroherd (Fotos oben und rechts).
Das Sofa im Wohnzimmer war natürlich mit Kissen reich bestückt, so daß es sich die kleine Puppenmutti bequem machen konnte (oben rechts).

So gemütlich, wie es auf diesem Foto (oben) wirkt, war es in den Wohnküchen nicht. Man saß auf harten Küchenstühlen. Der Kohleherd war zwar der Stolz jeder Hausfrau, aber er mußte jeden Morgen angezündet und seine Platte täglich mit viel Zeit- und Kraftaufwand auf Hochglanz gebracht werden. Ganz zu schweigen von den Kohlen, die aus dem Keller heraufgeschleppt werden mußten. Der Besuch des Nikolauses war auch damals ein aufregendes Ereignis. Selbst dann, wenn sein Kostüm mehr als bescheiden war. Für´s brave Gedichtaufsagen wurden die Kinder mit kleinen Geschenken belohnt (Bildreihe links).

Kinderwagenparade: Korbwagen waren der letzte Schrei. Jede Mutter, und selbst jede Puppenmutti, war stolz und glücklich über ein solches Gefährt. Besonders elegant war die Stromlinienform (linke Seite oben).

Auf „Frauenpower" setzte die heutige Ratsfrau Monika Schnieders-Pförtsch schon als Dreikäsehoch (linke Seite unten). Ihr Bruder Laurenz Meyer (links), jetzt Landtagsabgeordneter in Düsseldorf, hatte es schwer, sich ihr gegenüber zu behaupten.

Für Kinder aller Generationen - und sogar der heutigen - ist der gute alte Teddybär immer noch ein besonders geliebter Spielgeselle. Mit ihm kann man auch, anders als mit den Geschwistern, niemals Streit bekommen (rechte Seite, oben links).

Beim Ausflug mit dem Kinderwagen mischten auch die Puppenmuttis kräftig mit (rechts oben und unten).

In einem heißen Sommer ist jeder Wassertropfen willkommen. Es muß ja nicht gleich ein Schwimmbad sein, manchmal genügt auch ein Emailleeimer (oben). Dieser feudale Kaufladen (rechte Seite, oben links) entstand in den 50er Jahren in Papas Werkstatt. Um die „Regale" zu füllen, hatte die junge „Kauffrau" Irene leere Verpackungen gesammelt. Auch der Puppenwagen (oben rechts) war in Heimarbeit entstanden. Die echte Schildkrötpuppe, die darin spazieren gefahren wurde, war allerdings eine Rarität. Wie die Orgelpfeifen präsentierten sich die vier Grazien dem Fotografen im Sonntagsstaat, den vermutlich die Mutti selbst geschneidert hatte (rechte Seite unten).

KORTE

Früh übt sich, was ein Meister werden will. Wer auch immer und warum den Junior mit einer perfekten Polizeiuniform ausgestattet hat, der Kleine stand mit seinem großen Kollegen am Markt vor der Pauluskirche seinen Mann (ganz links).

Als Rosemarie und Heidemarie noch ganz klein waren, stritten sie sich um ein Spielzeugauto, das der Fotograf mitgebracht hatte. Sie hätten gern jeder eines gehabt (linke Seite unten rechts). Für die Großen war damals ein Motorroller der Clou. Das Prunkstück wurde von den Kindern nur zu gern auf Hochglanz gebracht (oben Mitte).

Schöne Beine wurden in der Isetta präsentiert, einer eigenwilligen BMW-Konstruktion, bei der die Tür nach vorn geöffnet wurde. Zum Aussteigen mußten die Insassen gelenkig sein und eine bestimmte Technik beherrschen.

Ein Vermögen kostete 1950 diese BMW R 24 mit 250 ccm und 12 PS (oben). 1750 DM mußten dafür hingeblättert werden. Und das bei einem Einkommen, das noch 1956 für einen kaufmännischen Angestellten nur rund 400 DM im Monat betrug. Davon mußte er eine ganze Familie unterhalten. Wer sich zum Motorrad noch einen Beiwagen leisten konnte, startete am Wochenende mit der ganzen Familie ins Grüne (links).

Wer kennt sie noch, die Straßenbahn auf der Werler Straße (Bild oben)? Am 1. Juni 1958 lösten Omnibusse die Schienenfahrzeuge ab. Nicht nur deshalb hat sich das Bild der Werler Straße gewandelt. Das Rathaus (links) ist hell geworden, die Tankstelle modernisiert, das Haus dahinter verschwunden. Bevor es mit dem Motorrad in Urlaub ging, mußte natürlich getankt werden. Frau am Lenker? Da staunte der Tankwart nicht schlecht (unten).

10-6275

40-3754

Parkplätze gab es in den 50er Jahren genug in Hamm. In dem damals noch kleineren Stadtgebiet wurden 1951 lediglich 2.448 Pkw registriert. Ob Mercedes oder andere Typen, jeder war stolz auf sein Gefährt. Die Kfz-Nummer R 40 wurde am 1. Juli 1956 auf HAM umgestellt (Fotos linke Seite).
Großes Interesse fand eine Sonderschau, die der Autohändler Hermann Grewe vor der Pauluskirche veranstaltete. Er präsentierte einen Borgward Lkw, einen Fiat 500 Topolino, einen Fiat 1400, einen Fiat 1900, einen Fiat 1100 und einen Fiat 500 Topolino Kombi (Bild oben von links).
Das am meisten verbreitete Fahrzeug dieser Jahre war natürlich der VW-Käfer (links).

Mit dem Sauerland-Express machte sich die katholische Frauen-Jugend der St.-Stephanus-Gemeinde Bockum 1957 auf nach Warstein (oben).
Ein beliebtes Ausflugsziel war für die Hammer der Möhnesee. Für Richard und seine Freunde war im Sommer 1951 schon die Hinfahrt im klapprigen Bäcker-Lieferwagen ein Vergnügen (Mitte).
Rudolf machte mit seiner Familie Urlaub im „Luxushotel" (unten).

Mit großem Gepäck auf Tour, da mußte der Roller schon was aushalten (oben). Aber wer kein Auto hatte, wußte sich zu helfen.
Für ein Erinnerungsfoto posierte der „Mann von Welt" 1953 auf der schnellen Vespa in den Bergen (rechts).
Die flinken Zweiräder waren aus Italien nach Deutschland gekommen. Sie waren ideal für Fahrten in der Stadt und hielten auch die weitesten Urlaubsreisen durch.
Das deutsche „Wirtschaftswunder" weckte die Reiselust. Im Frühjahr 1954 besaßen schon 21 Prozent der bundesdeutschen Bevölkerung einen Reisepaß. Eine wahre Völkerwanderung setzte im Sommer gen Süden ein. René Carol besang „rote Rosen, rote Lippen, roter Wein" und rühmte „Italiens blaues Meer im Sonnenschein".

Großes Interesse fand 1950 eine Fahrzeugausstellung der Firma Opel auf dem Marktplatz vor der Pauluskirche. Die Häuser an der Weststraße waren zum Teil wieder hergerichtet (im Hintergrund). Der Neubau der Sparkasse (links) wurde 1951 fertiggestellt. Er entstand auf dem Grundstück des im Krieg zerstörten früheren Rathauses. Im oberen Stockwerk der Sparkasse wurde das Landesarbeitsgericht untergebracht.

Die Straßenbahnlinie 2 zum Hammer Süden stellte ihren Betrieb 1958 ein. Die Strecke vom Bahnhof bis zur Endstation an der Werler Straße wurde ab 1. Juni 1958 von Omnibussen bedient. Alle anderen Straßenbahnlinien bestanden noch bis 1961.
Moderne Neuerung: Der Busschaffner, der bisher einen Münzautomaten umgehängt hatte (Bild oben), saß an einer Kasse (unten).

Palm
Riege

Konditorei u. Cafe
Reinert
WESTFALENPOST

Eher bescheiden nahm sich die Weststraße aus. Das Schuhgeschäft Leinhäuser und die Firma Runte (heute Quelle) wurden noch von Trümmern überragt (linke Seite, oben links).
Das Gebäude über der Kaufhalle, früher Ufa-Palast, war bereits weitgehend wiederhergestellt, im Hintergrund ist das Kaufhaus Müller-Hamm, heute Kaufhof, zu erkennen (oben rechts).
Noch gehörte die Straßenbahn zum Stadtbild (linke Seite unten). Der Betrieb wurde erst im April 1961 auf Omnibusse umgestellt. Hunderte von Bürgern nahmen am Ostersonntag, den 2. April, um Mitternacht auf der Fahrt vom Hammer Osten zum Depot an der Wilhelmstraße Abschied. Mit an Bord waren Oberbürgermeister Werner Figgen und Oberstadtdirektor Dr. Hans Tigges. Auf der Linie 1 mußten die Stadtwerke zwei Wagen mit Anhänger einsetzen, um alle Fahrgäste befördern zu können. Am Ziel flammten die Scheinwerfer des damals noch keineswegs allgegenwärtigen Fernsehens und die Blitzlichter zahlreicher Fotografen auf. Mehr als sechs Jahrzehnte hatte die „Elektrische" in Hamm treue Dienste geleistet.
Treffpunkt nicht nur für Liebespaare war über viele Jahre die „Persiluhr" am Westentor (Bild oben). An der nördlichen Seite wurden die einstöckigen Bauten, die im Volksmund „Klein-Texas“ genannt wurden und zu denen auch der erste Cash- und Carry Laden gehörte, später durch das City-Center abgelöst.

In den ersten Nachkriegsjahren präsentierten sich viele Ladenlokale noch als halbe Trümmerstätten. Wie bei Fahrrad Steffen an der Martin-Luther-Straße (oben) mußte deutlich gekennzeichnet werden, wo der Eingang war. Steffen handelte auch mit Waschmaschinen. In Ermangelung von Schaufenstern wurden die Prachtstücke - hier bereits mit Wassermotor und Wringer ausgestattet - auf dem Gehweg präsentiert.
Neue Fahrräder waren bis zur Währungsreform 1948 kaum zu bekommen. In den 50er Jahren war es dann leichter, ein Fahrrad zu kaufen, das zum Beispiel für einen Bergmann unverzichtbar war, um zur Zeche zu fahren (links).

Wer kannte nicht Leder-Thiele an der Nordstraße, wo auch die Schuhmacher ihren Einkauf tätigten? Die „Besatzung" bediente ihre Kunden genau so freundlich lächelnd, wie sie sich hier dem Fotografen zu einem Erinnerungsfoto stellte (oben).
Beim Tante-Emma-Laden an der Ecke bekam man alles für den täglichen Speisezettel. Das meiste mußte noch abgepackt und abgewogen werden, auch die Marmelade, die in Eimern angeliefert wurde.
Es gab noch keine Registrierkassen, die die Rechnung automatisch erstellten. Die Verkäuferinnen konnten rechnen und hatten Block und Bleistift stets zur Hand.
Der Speisezettel war bescheiden, aber reichhaltig. Gehungert hatten die Deutschen bis 1948 genug. Und unter Gewichtsproblemen litt zunächst kaum jemand. Südfrüchte waren 1954 der Renner. Sie waren beim Urlaub in den Mittelmeerländern entdeckt worden. Viele Lebensmittel waren im Vergleich zum meist bescheidenen Einkommen von durchschnittlich 350 DM monatlich sehr teuer. So kostete beispielsweise Anfang der 50er Jahre ein Pfund Kaffee 14,35 DM und ein Kilo Butter 5,39 DM.

Raritäten, die es nirgendwo sonst in Hamm gab, konnte man bei Schulze-Thier in der Nordstraße bekommen. Von Holzschuhen bis Petroleumleuchten und Sauerkraut war dort alles zu haben. Der traditionsreiche „Tante-Emma-Laden", in dem sich auch bäuerliche Kundschaft bedienen ließ, bestand noch in den 70er Jahren.

Die Bewohner der Maximiliankolonie kauften bei Krause in Ostwennemar (oben links), wo immer für freundliche Bedienung gesorgt war und zum Monatsende auch mal „angeschrieben" werden durfte.
In einer Schuhmacherwerkstatt, wie hier bei Wilhelm Mause im Hammer Westen (oben rechts), hätten Fremde eines Kompasses bedurft, um sich zurechtzufinden. Der Meister und sein Lehrling aber kannten sich aus.
Mit ihrer Freundin ließ sich die siebenjährige Gaby vor der Fleischerei William Reinhardt in Bockum-Hövel fotografieren (unten links).
Für Resi Neumann und ihre Kolleginnen war 1950 im zweiten Lehrjahr das gestärkte Häubchen Pflicht (unten rechts). Sie lernten, daß Kunden nicht nur gut bedient, sondern auch freundlich angesprochen werden mußten. Die Lebensmittel-Kette Hill hatte damals fünf Filialen in Hamm.

Der Plan der Heessener Zeche Sachsen, auf dem Großen Exerzierplatz einen Förderschacht zu errichten, stieß 1950 bei Rat, Verwaltung und Bürgern der Stadt Hamm auf Protest. 500 Bergleute aus Werries und Braam-Ostwennemar sollten vom Hammer Osten aus in das Bergwerk einfahren.
Die Märkische Steinkohlengewerkschaft, die die Zeche Sachsen betrieb, erklärte sich schließlich bereit, lediglich einen Wetterschacht zu bauen. Er wurde 1954 fertiggestellt. Ein Schulchor sang bei der Einweihung (linke Seite oben).
Mit Schließung der Zeche Sachsen wurde der Luftschacht überflüssig. Er wurde im März 1978 abgebrochen.
Mit Feuer umzugehen, verstanden die Bergleute in den 50er Jahren in der Kokerei der Zeche Heinrich Robert (linke Seite, unten links).
Weithin sichtbar waren die Gebäude und die Fördertürme der Zeche Sachsen in Heessen (linke Seite unten rechts), die 1976 die Förderung einstellte.
Auch der Maschinist an der Fördermaschine (rechts unten) verlor damit seinen Arbeitsplatz.
Nach Sachsen wurde als nächste Zeche in Hamm die Schachtanlage Radbod im Stadtbezirk Bockum-Hövel am 31. Januar 1990 geschlossen.
Wie Rudolf Bettermann auf seiner 250er Triumph (rechts oben), waren auch viele Zechenkumpel froh, einen fahrbaren Untersatz für den Weg zum Pütt zu haben.

Größter Arbeitgeber der Stadt war in den 50er Jahren die Bundesbahn. Hamm verfügte nicht nur über den größten Verschiebebahnhof Deutschlands, sondern auch über ein Bahnbetriebswerk, in dem die damals noch benutzten Dampfloks (linke Seite oben vor der Kulisse der Zeche Sachsen und rechts oben im Hammer Bahnhof) gewartet wurden.
In den Stellwerken regierten noch nicht die Computer, es wurde solide Handarbeit geleistet (linke Seite unten). Den Duft der weiten Welt vermittelte der aus Paris kommende D-Zug nach Moskau (rechts). Der um Mitternacht in Hamm eintreffende Zug wurde auch

von vielen Besuchern aus der DDR benutzt.
Die Reisenden mußten allerdings auf der Hin- und Rückfahrt sowohl in Helmstedt als auch in Berlin strenge

Kontrollen über sich ergehen lassen. Für Helga aus Leipzig begann Neujahr 1956 mit der Ankunft in Hamm ein neues Leben. Sie kehrte nicht wieder in die DDR zurück (unten rechts).

EMMA-LUISE
BM3127

Unter Dampf standen nicht nur die Lokomotiven, sondern auch die Frachtschiffe, die auf dem Datteln-Hamm-Kanal verkehrten (linke Seite oben).
Sie mußten im Stadtbereich zwei Schleusen passieren, wenn sie ihre Fracht nicht im Hammer Hafen, sondern in Uentrop löschten. Dabei kamen sie auch an dem Elektrizitätswerk vorbei, das an der Schleuse zwischen Nordendamm und Fährstraße in Betrieb war (linke Seite unten links). Im Hammer Hafen herrschte immer reger Betrieb (linke Seite unten rechts und rechte Seite oben).
Der Uentroper Hafen gewann erst mit der Ansiedlung von VEW und DuPont in den 60er Jahren an Bedeutung.
Östlich der Schleuse Werries gab es einen Schulwegsteg, die „Blaue Brücke", vor der sich die Familie Fedeler im Sonntagsstaat mit neuem Puppenwagen fotografieren ließ (rechts unten). Die buntbedruckten Kleider mit den breiten Gürteln waren 1959 der letzte Schrei. Keine Frage: Bei Spaziergängen machte man sich damals an Sonntagen besonders chic. Jeder hatte das berühmte Sonntagskleid oder einen Sonntagsanzug im Schrank. Anders als heute wurden am Sonntag auch keine Haus- oder Gartenarbeiten erledigt.

Ein Sonntagsvergnügen besonderer Art war und ist der Taubensport. Das Nerven aufreibende Warten auf die Flügelflitzer, die oft Hunderte von Kilometern zurücklegen mußten, war in Gesellschaft der Nachbarn leichter zu ertragen (oben).
Heinz (unten rechts) konnte dem Vater bei seinem Hobby schon zur Hand gehen.
Die Frauen vertrieben sich die Wartezeit mit einem Schwätzchen (rechte Seite unten). Natürlich trugen sie beim Kochen Kittel und Schürzen, am Sonntag weiß und frisch gestärkt.
Wenn es dann zu heiß wurde, mußte an Hundstagen in Braam-Ostwennemar ein Sauerkrauteimer das Schwimmbad ersetzen (rechte Seite oben), für Schatten sorgte der Regenschirm.

Sauerkra

Ob bei Kanu-Vereinen (Bild links), oder im Ruderclub, die Bootstaufe war in den 50er Jahren immer ein Höhepunkt des Jahresprogramms. Bewundert wurden die Gymnastikdamen des TuS 59 nicht nur wegen ihrer gekonnten Darbietungen, sondern auch wegen ihrer in eigener Werkstatt entstandenen Röckchen (unten).

Ein Stück Wasserballgeschichte schrieb der Schwimmclub Rote Erde Hamm, der 1954 bei den Meisterschaften in Soltau zum ersten Mal den Deutschen Meistertitel errang und diesen Erfolg dann noch zehnmal wiederholte. Kein Wunder, daß Tausende die erfolgreiche Mannschaft und ihren Trainer Arthur Dewitz bei ihrer Heimkehr auf dem Bahnhofsvorplatz begrüßten (oben). Die Wasserballer waren von einem fünf Kilometer langen Autokorso an der Autobahn empfangen worden.
Einheitliche Kleidung war in den 50er Jahren für Kampfrichter auch im Jahnstadion noch unbekannt (rechts).

Das Kunstlauf-Weltmeisterpaar Ria Baran und Paul Falk war wiederholt auf der Rollsportbahn des ESV an der Östingstraße zu Gast. Im Beiprogramm stellten sich die Hammer Nachwuchsläufer vor, darunter Edith Althoetmar, Heide Kaun, Siegrid Nöh und Kitty Werner (rechts und folgende Seite links oben).

Fußball war auch in den 50er Jahren bei fast allen Jungen beliebt. Bis man in der Jugendmannschaft mitspielen durfte, hatte man schon manches „Freundschaftsspiel" hinter sich. Jugendleiter Josef Donner vom TuS Heessen (rechts im Bild unten) war immer für seine Jungen da. Hier steht er mit der Schülermannschaft im Tor.

Ein besonderes Ereignis für die Hammer Sportler war das Bundesturnfest, das 1950 in Hamm veranstaltet wurde. Höhepunkt war der Festzug (rechts oben) durch die Innenstadt.

Wie damals üblich, hatte der Straßenfotograf einen „Eisbären" mitgebracht, mit dem sich Resi Neumann und Marianne Lutterbeck fotografieren ließen (rechts unten).

Hamm / Westf.
Bundesturnfest
1950

„Nie gab es eine mächtigere Zuschauerkulisse, nie bessere Leistungen. Hier stand eine ganze Stadt hinter ihrer Mannschaft." Das stellte Radioreporter Harry Valerien fest, als er am Sonntag, den 2. September 1956, über die Deutsche Wasserballmeisterschaft berichtete, die zum ersten Mal in Hamm ausgetragen wurde. Der Schwimmclub Rote Erde eroberte dabei zum dritten Mal die Deutsche Meisterschaft.

Das Wasser im dichtbesetzten Jahnstadion (Bild oben) wurde erstmals beheizt. Trainer Arthur Dewitz hatte dazu die Lokomotive „Spitz" auffahren lassen, die das Wasser auf „angenehme" 16 Grad erwärmte.

Zu Meisterehren kamen auch die Kunstturner des TuS. Einer von ihnen war Hansi Meyer, der 1957 im Einer-Parterre mit fünf Stühlen (rechts) seinen ersten von sieben Deutschen Meistertiteln eroberte.

Die Freude war 1954 groß, als die Hammer Wasserballer vom SC Rote Erde beim Wettkampf am 6. August in Soltau zum erstenmal einen Deutschen Meistertitel eroberten.
Den Erfolg auf ihre Fahnen schreiben konnten Aktive und Schlachtenbummler, die sich strahlend zu einem Erinnerungsfoto stellten: (von links) Hans Hoffmeister, Albert Rump, Rudi Stremming, Hans-Hugo Wolff, Horst Ehrler, Hans Schepers, Werner Meierkord, Walter Rose, Hubert Quante, Bernd Strasser, Walter Molitor, Herbert Franke, Nino Somogji, Arthur Dewitz, Helmut Deuerlein und D. Puheric.
Für die Kunstturner des TuS 59 Hamm begannen die Meister-Erfolge mit einer Übung (Foto links), die sie 1953 im Kasino in Werries vorstellten.

Im vornehmen Café Corso, einem Varietétheater, in dem sich schon vor dem Krieg die elegante Welt der Stadt getroffen hatte, wurde auch in den 50er Jahren noch fleißig getanzt. Gastspiele berühmter Künstler machten Schlagzeilen. Eine stadtbekannte Persönlichkeit war „Mieze", die an der Theke das kühle Blonde zapfte (links). Das traditionsreiche Gebäude an der Bahnhofstraße wurde an die Firma Horten verkauft, die an dieser Stelle ein Kaufhaus errichtete, das am 1. Oktober 1970 eröffnet wurde.
Hochbetrieb herrschte bei schönem Wetter in den Gartenlokalen (oben).

Für Mitbestimmung und Sozialversicherung setzten sich die Gewerkschaften mit Motivwagen bei einem Umzug am Tag der Arbeit ein.
Im Hintergrund sieht man Häuser, die erst zum Teil wieder aufgebaut sind.

Am 1. Mai 1954 standen die Kundgebungen unter dem Motto „Einheit - Frieden - Freiheit". Gleichzeitig wurde die Forderung nach der 40-Stunden-Woche laut. Sie wurde allerdings erst ab 1965 erfüllt. Bis dahin mußte in der Regel 48 Stunden pro Woche gearbeitet werden, wobei der durchschnittliche Bruttostundenlohn 1954 rund 1,70 DM betrug. Der Arbeitsmarkt war 1954 fast leergefegt. Die Arbeitslosenquote betrug nur noch etwa fünf Prozent.

Die traditionelle Fronleichnamsprozession der St. Agnes-Gemeinde führte der Küster an, dem auf der Oststraße, auf der es noch zahlreiche Trümmergrundstücke gab, die Ministranten und Blumen streuende Engelchen folgten (oben). Der Pfarrer, der unter einem Baldachin die Monstranz trug, wurde von Polizeibeamten eskortiert, die den damals noch üblichen Tschako trugen (links).

Ob Erstkommunion (oben die achtjährige Gaby Ende und andere Kommunionkinder 1958 beim Gang vom Schwesternhaus zur Herz-Jesu-Kirche in Bockum-Hövel) oder Konfirmation (im Bild rechts 1951 Rudolf Bettermann mit Bruder Hans), der feierliche Tag blieb allen unvergesslich.
Die Geschenke nahmen sich noch bescheiden aus. Nachbarn zum Beispiel gratulierten gern mit einer Hortensie im Blumentopf.

„Einmal fröhlich winken", hatte der Fotograf im Kindergarten St. Bonifatius gefordert. Aber nicht alle Steppkes waren dazu bereit (linke Seite oben). Bei der Diakonisse im evangelischen Kindergarten waren die Jungen und Mädchen 1952 gut aufgehoben. Wenn Geschichten erzählt wurden, mußten alle schön brav auf ihren Stühlchen sitzen (links unten).
Vor den Ruinen der Marienschule feierte der Kindergarten St. Agnes 1956 sein Sommerfest. Die Ordensschwestern, die im Kindergarten und in der Schule tätig waren, trugen ihre Ordenstracht (rechts oben).
Mit Gruppenleiterin Fatheuer stellten sich die Jungen und Mädchen des Kindergartens St. Agnes 1952 zu einem Erinnerungsfoto (Mitte), das Barbara Imöhl aufgehoben hat.
In Bockum-Hövel hatten sich die Jungen und Mädchen des Kindergartens zum Karnevalsfest fein herausgeputzt (unten).

Auch in den 50er Jahren freuten sich die Schulanfänger über eine Tüte (oben). Im süßen Inhalt hätte man nach Zahnbürsten aber vergeblich gesucht. Die Angst vor Karies war damals noch nicht so verbreitet.
Eva-Maria und ihr Freund mußten sich für den weiten Schulweg warm anziehen (rechts unten).

Zum Erinnerungsfoto versammelte Lehrer Karl Michels 1954 auf dem Großen Exerzierplatz die Schüler der Klasse 2 der Kath. Ostschule (oben). Unterrichtet wurde damals noch im Stadthof, der heutigen Paracelsus-Kaserne, wo auch die Gymnasien nach dem Krieg untergebracht waren. Erst 1951 konnten das Beisenkamp-Gymnasium und das Neusprachliche Gymnasium ihre früheren Gebäude wieder beziehen, während das Mathematisch-Naturwissenschaftliche und das Staatliche Gymnasium zunächst weiterhin in der Kaserne blieben. Das spätere Frh.-v. Stein-Gymnasium bezog seinen Neubau im Mai 1960, das „Staatliche“, jetzt Hammoneuse, siedelte bereits 1956 in den Neubau über.

Für die Volksschulen fehlten im November 1952 immer noch 61 Klassenräume. Die Eltern erhielten übrigens im gleichen Jahr mehr Einfluß auf die Schulen. Es wurden Klassen- und Schulpflegschaften gebildet.

Mit Religionslehrer Vikar Heinz Montag feierten katholische Jugendgruppen 1951 in ihrem Zeltlager in Hemer einen Feldgottesdienst (oben).

Nach Frankreich führte eine Fahrt von Hammer Studenten, bei der (unten von rechts) Heinrich Vielberg (später Chefarzt am Marienhospital), Heinrich Thomas (später Konrektor und Uentroper Bezirksvorsteher) und Rolf Siekmann (später Senatspräsident am Hammer OLG) dabei waren.

Hammer Pennäler mußten in den 50er Jahren keineswegs immer die Schulbank drücken. Prof. Dr. Herbert Ant, damals Schüler der Klasse 7 b der Städtischen Oberschule für Jungen, war bei einem Ausflug nach Haltern (oben links) ebenso dabei wie bei einer Wanderung nach Süddinker (rechts oben). Der deutsch-englische Schüleraustausch wurde in Hamm von Dr. Rudolf Bringmann ins Leben gerufen. Die deutschen Schüler legten bei ihrem Englandbesuch am Grab des unbekannten deutschen Soldaten einen Kranz nieder (rechts unten). Valery und Joyce gehörten zu den englischen Schülern, die 1955 in Hamm waren. Gertrud Schulze-Wermeling und Marina Rosenberger waren ihre Gastgeber (Mitte).

Der erste Fernschreiber, den die Commerzbank Hamm in Betrieb nahm, war erst der dritte in der gesamten Stadt. Erika Voß war stolz darauf, ihn Ende der 50er Jahre bedienen zu dürfen (oben links).
Modistinnen wollten die drei Lehrlinge werden, die sich 1955 vor der Eduard-Spranger-Schule fotografieren ließen (oben rechts).
Den Abschluß eines Hauerkurses der Zeche Heinrich Robert feierten die Teilnehmer mit einer Busfahrt (links).

Für den Start ins Berufsleben rüsteten sich auch diese beiden jungen Frauen. Sie trugen ihre Schulbücher zur Handelsschule an der Lange Straße (oben). Rosi und ihre Freundin standen nicht etwa für ein Modemagazin Modell, sondern nur für das Familienalbum. Sie hatten sich für Partnerlook entschieden und dazu hochmoderne Cord-Latzröcke gewählt. Der Clou aber war der Hula-Hoop-Reifen, der in den 50er Jahren seinen Siegeszug antrat und sich bis heute behauptet hat. Manche junge Dame brachte es damit sogar zur Meisterschaft (rechts).

Auf den 500er Fiat war Verlaß. Wie bei einigen anderen Wagentypen jener Zeit gingen die Türen nach hinten auf (rechts).
Der Ausflug in den Schnee führte 1956 ins Sauerland (unten). Damals wurden bereits Omnibusfahrten angeboten und Sonderzüge nach Winterberg eingesetzt. Skianzüge und Plastikschuhe gab es aber noch nicht.

Das war ein Ereignis für Hamm: Am 13. Dezember 1958 kehrten Horst Stasius und Heinz Kaulmann von einer abenteuerlichen Reise mit dem Tandem um die Welt zurück. Sie waren am 1. August 1955 mit 500 DM in der Tasche gestartet, hatten gefährliche Situationen überlebt, waren von großen Staatsmännern empfangen worden und hatten es sogar geschafft, Rotchina zu besuchen. Ihr Markenzeichen unterwegs waren Lederhosen, die sie ständig und sogar zu einem Empfang bei Ministerpräsident Nehru in Indien trugen. 95.000 Kilometer legten sie nach ihrer Rechnung mit dem Tandem zurück. Tausende fanden sich bei ihrer Heimkehr an der Pauluskirche ein und bereiteten den Weltenbummlern einen triumphalen Empfang (Bild oben). Fernseh- und Wochenschaukameras surrten und Pressefotografen drückten pausenlos auf den Auslöser. Natürlich durfte auch die Polizei, deren Streifenwagen damals noch ein kleiner Käfer war (rechts) nicht fehlen.

Der Heimweg hatte die Globetrotter über die Südstraße geführt (links), die von ihrer Berühmtheit als „Meile" damals noch nichts ahnen ließ.

Auf dem Wochenmarkt an der Königstraße (heute CinemaxX-Kino) nahmen sich die Marktstände noch bescheiden aus (oben). Heizungen für Markstände gab es damals noch nicht. Der Marktplatz wurde später ausgebaut und über einer Tiefgarage angelegt. Die Händler mußten dann noch einmal zur Pauluskirche umziehen. Weihnachten bekam aber auch damals schon die Straßenbeleuchtung besonderen Glanz. In der Innenstadt begegneten sich Busse und Straßenbahnen (unten).

Für kleine Mädchen gehörte das Püppchen im Arm unter dem Weihnachtsbaum einfach dazu. Daß es auch noch ein Himmelbettchen dafür gab, war der Kunstfertigkeit der Mutter zu danken (oben).
Jürgen muß wohl sehr brav gewesen sein. Der Weihnachtsmann hatte 1958 gut für ihn gesorgt. Ein Kran und ein Stabilbaukasten aus Holz forderten das technische Können des Vierjährigen heraus (oben).

Weitere Bildbände aus dem Prolibris Verlag

Hans Rudolf Hartung
Soest. Die 50er Jahre im Bild
64 Seiten, gebunden, ca. 80 SW-Fotos
24 x 27 cm, 34.00 DM
ISBN 3-935263-04-X

Erich Borrmann
Unna. Die 60er Jahre im Bild
64 Seiten, gebunden, über 100 SW-Fotos
24 x 27 cm, 34.00 DM
ISBN 3-935263-03-1

Prolibris Verlag Rolf Wagner
Rasenallee 23 d, 34128 Kassel, Tel. 0561 / 6027071, Fax 0561 / 66645
E-Mail: wagner@prolibris-verlag.de
www.prolibris-verlag.de